Happy School

Campos de Experiências

Mônica Pina e Virginia Finzetto

Inspirado nos ensinamentos de
MARIA MONTESSORI

Eu Descubro

Explorando o Mundo

Happy Books

Este livro pertence a

____

____

Rodovia Jorge Lacerda, 5086 - Poço Grande
Gaspar - SC | CEP 89115-100

Direção:
Angela Finzetto

Texto e consultoria pedagógica:
Mônica Pina

Atividades e edição:
Virginia Finzetto

Imagem e ilustração:
Pixabay e Shutterstock

Projeto gráfico e diagramação:
Marcos Inoue

Revisão:
Tamara B. G. Altenburg

IMPRESSO NA CHINA
www.happybooks.com.br

Dados Internacionais de Catalogação na Publicação (CIP)
(Câmara Brasileira do Livro, SP, Brasil)

Pina, Mônica
Eu descubro: Explorando o mundo
[Texto: Mônica Pina, Virginia Finzetto; Ilustração: Shutterstock].
Gaspar, SC: Happy Books, 2023.
(Coleção Campos de Experiências)

ISBN 978-65-5507-625-7

1. Ciências - Literatura infantojuvenil 2. Educação infantil (Atividades e exercícios) 3. Meio ambiente - Literatura infantojuvenil 4. Natureza - Literatura infantojuvenil I. Shutterstock. II. Título. III. Série.

23-168076 CDD-028.5

Índices para catálogo sistemático:

1. Literatura infantil 028.5
2. Literatura infantojuvenil 028.5

Eliane de Freitas Leite - Bibliotecária - CRB-8/8415

SUMÁRIO

Atividades

Materiais que vocês vão usar

giz de cera

lápis de cor

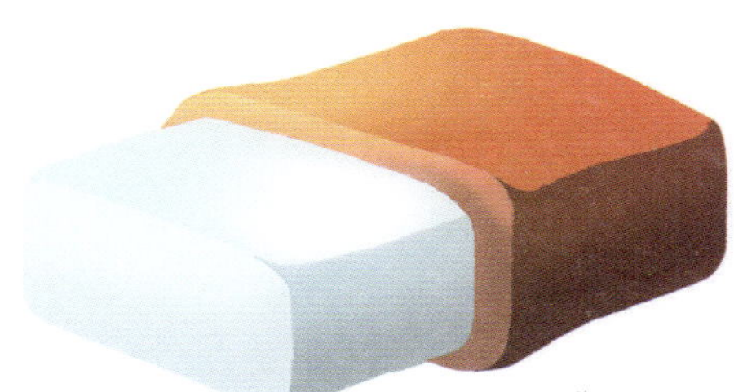

borracha

adesivos (incluso)

UMA VIDA
repleta de estímulos!

No processo de desenvolvimento da criança, conhecimentos, experiências e emoções não podem ser entendidos como elementos isolados, pois se entrelaçam e se reforçam o tempo todo.

Crianças emocionalmente equilibradas e apoiadas por seus familiares têm mais motivação para fazer descobertas, adquirir habilidades, superar situações novas e alcançar objetivos cada vez mais significativos, principalmente quando sua sensibilidade, curiosidade e criatividade são estimuladas.

> "A curiosidade é um impulso para aprender."
>
> *Maria Montessori, médica, pesquisadora e educadora*

Especialistas em educação definem determinadas áreas de experiência como fundamentais para que a criança aprenda e se desenvolva plenamente. Portanto, cada volume da coleção foi elaborado com foco em uma dessas áreas, sempre valorizando a criança, sua complexidade e individualidade.

As atividades enfatizam habilidades, atitudes e valores que os pequenos vão desenvolver e que se relacionam com suas interações e brincadeiras. A vivência deles com as propostas de cada livro se transformarão em experiências educativas e divertidas, proporcionando a vocês compartilharem momentos de crescimento e afeto.

Áreas de experiência

Cada livro da coleção **Campos de Experiências** tem foco em uma destas áreas, fundamentais para que a criança aprenda e se desenvolva:

EU ME COMUNICO - LINGUAGEM

comunicação oral · vocabulário · habilidades de leitura e escrita · rimas · narração de histórias

EU CALCULO - MATEMÁTICA

quantidades · medidas · comparações · operações números · formas · solução de problemas

EU E OS OUTROS - EMOÇÕES E CONVÍVIO SOCIAL

identidade · autocuidado · autoestima · inteligência emocional consciência de si e do outro · regras sociais

EU EXPERIMENTO - SENTIR E BRINCAR

coordenação visomotora · experiências sensoriais · habilidades de escrita

EU CRIO - CRIATIVIDADE

desenho · pintura · colagem · música · teatro

EU DESCUBRO - EXPLORANDO O MUNDO

natureza e meio ambiente · ciências história · geografia

EU ME LOCALIZO - TEMPO, ESPAÇO E MOVIMENTO

tempo · espaço · orientação absoluta e relativa sequências de fatos · relações de causa e efeito

APRENDER
é divertido!

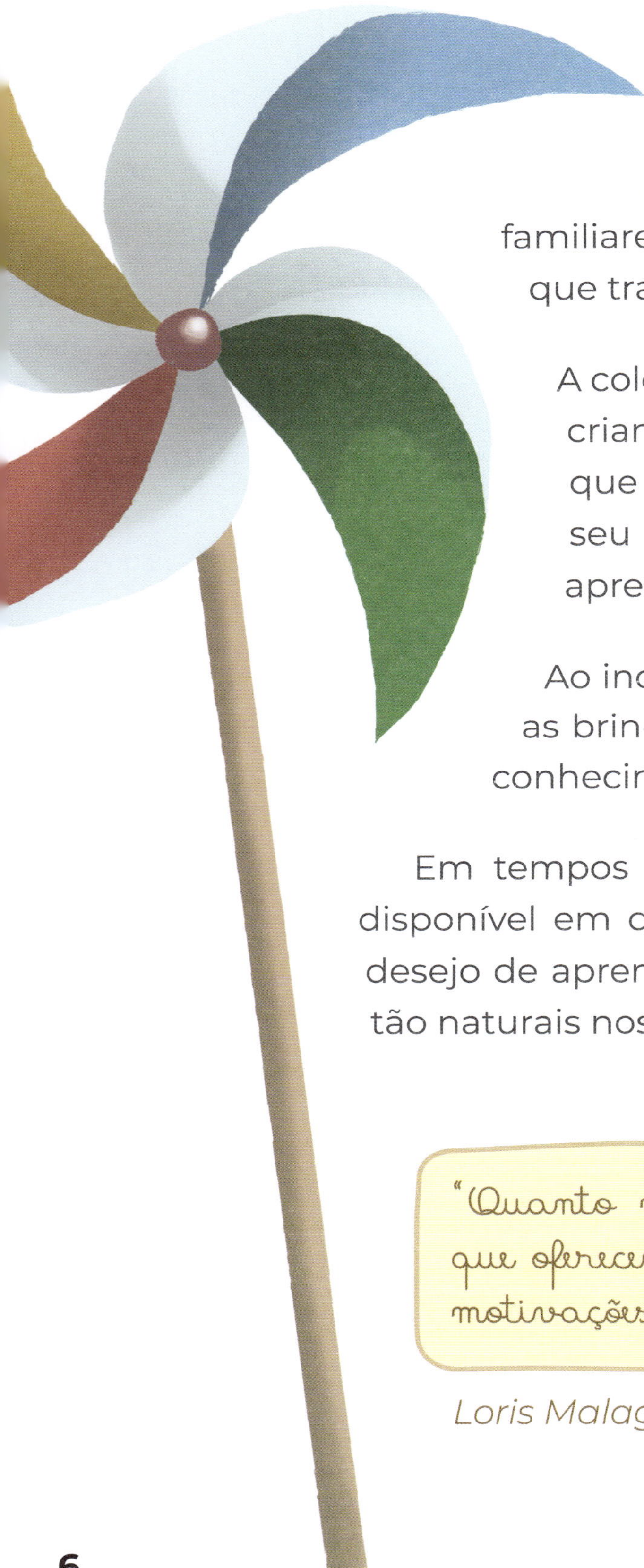

Curiosas e criativas, as crianças fazem as suas maiores descobertas enquanto brincam, experimentam, exploram e observam as pessoas e o mundo ao seu redor. Para acompanhá-las nessa jornada e apoiar o seu desenvolvimento, educadores e familiares contam com a coleção **Campos de Experiências**, que traz atividades desafiadoras e muito divertidas.

A coleção **Campos de Experiências** valoriza o potencial da criança de maneira integral, com propostas educativas que favorecem suas formas de expressão e ampliam seu repertório de vivências e percepções, estimulando a aprendizagem em todas as áreas.

Ao incentivar a criança a fazer suas descobertas e explorar as brincadeiras dos livros abrem-se novos caminhos para o conhecimento.

Em tempos de mudanças tão velozes e de muita informação disponível em diversos meios, é ainda mais importante valorizar o desejo de aprender, a curiosidade e a capacidade de se maravilhar, tão naturais nos primeiros anos de vida.

> "Quanto mais ampla for a gama de possibilidades que oferecemos às crianças, mais intensas serão suas motivações e mais ricas serão suas experiências."

Loris Malaguzzi, pedagogo e professor

RECADO aos pais

Acompanhar o crescimento de uma criança é uma experiência fascinante, cheia de expectativas e de inquietações. Afinal, como a família pode ajudá-la a se desenvolver de forma plena e harmoniosa?

Está comprovado que os aspectos cognitivos, intelectuais, psicológicos, comportamentais, emocionais e relacionais de cada indivíduo se estruturam na primeira infância ou, mais precisamente, a partir dos estímulos a que a criança é exposta nos primeiros cinco anos de vida. Não é por acaso que os especialistas destacam que nessa fase é essencial acolher, ouvir e observar as interações e reações da criança, além de respeitar e estimular suas potencialidades.

Valorizando a conexão com os familiares como a maior referência para a criança, a coleção **Campos de Experiências** traz propostas para serem realizadas com o apoio dos pais. Elas foram criadas, especialmente, para crianças entre 3 e 6 anos de idade.

Cada brincadeira é um convite para que pais e filhos vivenciem mais momentos juntos, com estímulos que têm o objetivo de ampliar as experiências e o desejo da criança de conhecer e experimentar tudo o que é novo.

> "A criança observa com amor, nunca com indiferença, e essa atitude permite que sua inteligência revele o invisível."

Maria Montessori, médica, pesquisadora e educadora

CURIOSIDADE:
o desejo de aprender

Desde os primeiros momentos de vida, a criança começa a sentir e perceber a si mesma e a tudo o que está no ambiente. Aos poucos, expande suas experiências e passa a experimentar, comparar, perguntar, criar conjecturas e tirar conclusões, para fazer suas próprias descobertas, que se tornam cada vez mais amplas e complexas... Exatamente como ocorre com os cientistas!

É movida pela curiosidade que a criança desvenda a si mesma, aos outros e ao mundo. Incentivar essa curiosidade é a melhor forma de apoiar o desenvolvimento integral da criança, para despertar seu potencial de aprendizagem e sua vontade de conhecer e de saber sempre mais.

As propostas deste livro foram elaboradas com foco na curiosidade, estimulando a sensibilidade, a observação, a experimentação e a reflexão. Os temas promovem o contato com a natureza, a percepção de si e dos outros e a experimentação. Em cada proposta, há um quadro com perguntas, para estimular a pesquisa e ampliar as indagações dos leitores.

É importante observar o que chama a atenção da criança e sugerir que ela formule suas próprias questões. Muitas dúvidas da criança surgem a partir do cotidiano e, talvez, você se surpreenda ao notar que não tem resposta para tudo — o que pode se transformar em uma oportunidade de vocês fazerem pesquisas e descobertas juntos.

> "A curiosidade é um impulso para aprender."

Maria Montessori, médica, pesquisadora e educadora

As propostas deste livro estimulam as investigações e as descobertas e são apresentadas em diferentes níveis de complexidade, mas também podem ser exploradas de acordo com os interesses individuais da criança. É importante apoiá-la nas atividades, lendo para ela, observando as suas reações, ficando atento, ouvindo e estimulando o seu envolvimento.

Para promover a experiência lúdica e criar muitas oportunidades de investigação, sugerimos atividades de observação, traçado, desenho, pintura e colagem de adesivos com temas relacionados aos ambientes da natureza, à família, às relações sociais e ao desenvolvimento dos seres vivos.

Dicas para despertar a curiosidade

- Há muito o que investigar no jardim do prédio, mas vale a pena também planejar aventuras em parques, praias ou museus.
- Acompanhe as observações da criança e destaque detalhes. Ela pode notar que uma planta cresceu, mas mostre que há mais folhas ou uma flor, para que ela amplie percepções e desenvolva hipóteses.
- Incentive a experimentação e convide a criança para ajudar no preparo de uma receita ou para organizar e guardar os potes da cozinha.
- Evite dar respostas imediatas ou muito vagas. Se faltar tempo ou paciência para tantas perguntas, combine com a criança de anotar as dúvidas e pesquisem juntos depois, aos poucos.
- Mostre que há várias formas de se fazer pesquisas — perguntando para outras pessoas, consultando livros e revistas ou a internet, por exemplo. Explique que é importante buscar fontes de informação confiáveis e confirmar as respostas em mais de uma referência.
- Registrem juntos o que descobrirem por meio de fotos, desenhos ou anotações.

Nível 1

O encantamento das descobertas

As primeiras surpresas com as quais a criança se depara estão ligadas às suas próprias sensações, percepções e emoções. Aos poucos, ela se conecta com os outros, amplia experiências, observa, ouve, prova, percebe o entorno — e se encanta com tudo o que pode aprender. A exploração sensorial é essencial para que a criança se desenvolva integralmente e, a partir de sua curiosidade e interesse, avance em experimentações, reflexões e conclusões.

Veja quais são os principais temas e as habilidades desenvolvidas:

- Ao observar o entorno para identificar e nomear detalhes e cores, a criança **desenvolve a atenção, percebe semelhanças e diferenças, estabelece comparações, amplia seu repertório de linguagens** e ganha referências para fazer questionamentos e compreender fenômenos.
- Traçar, pintar, comparar e relacionar espaços e figuras para colar os adesivos são **atividades que favorecem as habilidades psicomotoras** e ressaltam a importância do registro de suas vivências.
- Identificando as características dos seres vivos e suas etapas de desenvolvimento, a criança passa a **compreender as diversas formas de organização e agrupamentos e as noções do tempo e dos ciclos da natureza**.
- Analisar os seus brinquedos e objetos do cotidiano ajuda a **desenvolver o potencial para fazer investigações e levantar hipóteses que contribuem com o raciocínio e a criatividade**.
- Perceber as diferenças entre as famílias permite à criança **entender melhor as relações sociais e sentir-se mais segura e confiante**.

Nesse momento, a criança não precisa de termos nem de conceitos complicados, mas de vivências. Valorize o desejo de aprender, explore as perguntas sugeridas, proponha outras e incentive a criança a investigar. Você vai se divertir e fazer descobertas com ela!

Um mundo colorido

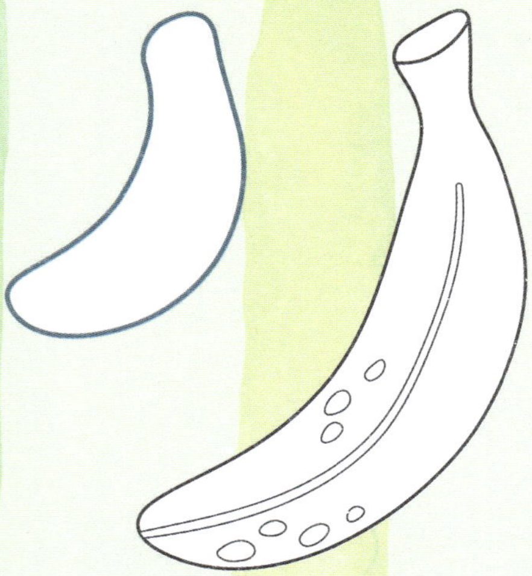

AMARELO

LARANJA

Olhe ao seu redor e repare como tudo é colorido. Nas próximas páginas, você vai descobrir exemplos de cores que existem na natureza. Cole os adesivos que estão no final do livro e pinte cada imagem de acordo com eles. Desenhe objetos dessas cores nas molduras correspondentes — ou cole uma imagem deles.

VERMELHO

ROXO

Você sabe o nome de todas essas cores? Conhece outras? Qual é a sua cor favorita? Que alimentos e objetos você conhece que são dessa cor?

AZUL

PRETO/BRANCO

INVESTIGUE

Observe seus lápis de cor e suas canetinhas e diga o nome das cores. Depois, analise com atenção: todos os lápis azuis são iguais? E os verdes? Qual a diferença?

VERDE

MARROM

INVESTIGUE

Todas as plantas são da mesma cor? Será que existem aranhas de outras cores? Pesquise sobre esses assuntos com a ajuda de um adulto.

Por fora, por dentro

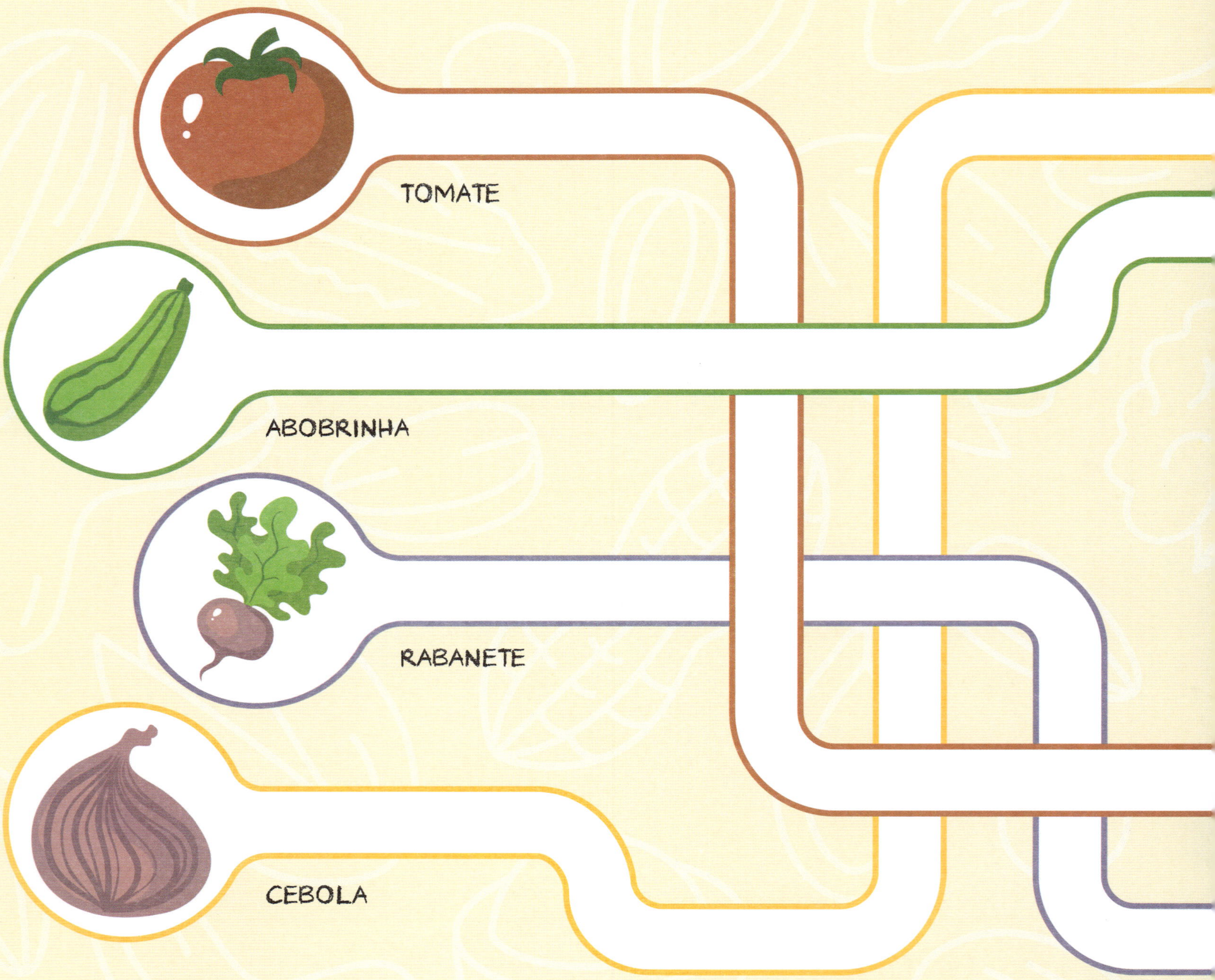

INVESTIGUE

Observe em casa ou no mercado diferentes tipos de vegetais. Após cortados, eles ficam iguais ou diferentes? Faça com o dedo o caminho que liga cada vegetal inteiro à sua metade e, depois, pinte-o com giz na cor do traçado do caminho.

Peça para um adulto passear com você no mercado ou na feira. Lá, observe as formas e as cores de outros vegetais e, se tiver oportunidade, veja como eles ficam depois de cortados. O que há dentro de frutas como maracujá, melancia e mamão?

As rodas

INVESTIGUE

Cole os adesivos que estão no final do livro nos lugares certos, complete os tracejados e pinte o que falta. Fale o nome de cada objeto e marque com cores diferentes a maior e a menor roda de todas.

Você conhece outros objetos com rodas? Para que você acha que as rodas servem? Junte tampas de garrafa pet e de outros materiais e crie um brinquedo com rodas.

Como ela cresceu!

Você já observou o crescimento de uma planta? Cole corretamente os adesivos que estão no final do livro, indicando primeiro o que a planta precisa para crescer e depois o que acontece em cada etapa de seu desenvolvimento.

RESPOSTA: A PLANTA PRECISA DE ÁGUA E SOL PARA CRESCER.

INVESTIGUE

Depois que a semente brota, o que acontece com a plantinha na terra? Há plantas em sua casa?

Virou borboleta!

A lagarta nasce bem pequena, em um ovinho. Ao longo da vida, come muitas folhas, cresce, faz um casulo e se transforma! Cole o adesivo que está no final do livro para descobrir o que acontece após a transformação. Em seguida, faça com o dedo o caminho que une a lagarta até a borboleta e então trace-o com giz.

INVESTIGUE

Será que outros animais passam por esse tipo de transformação, que é chamada de metamorfose?

Animais e vegetais

INVESTIGUE

Nosso mundo é compartilhado por várias espécies de seres vivos. Cole os adesivos que estão no final do livro nos lugares certos e pinte o que falta em cada imagem. Marque com X as frutas e circule os animais.

Você sabe o nome dessas frutas e animais? Já viu algum desses bichos de perto? O que será que cada animal gosta de comer?

A família

INVESTIGUE

Cole o adesivo que está no final do livro no lugar certo e pinte as roupas bem coloridas. Depois, desenhe no espaço em branco você com a sua família e peça para um ajudante adulto escrever o nome das pessoas e qual é a relação de parentesco de cada uma delas com você.

Quantas pessoas fazem parte da sua família? Você tem irmãos ou irmãs? Eles são maiores ou menores que você?

Os pets

INVESTIGUE

Você tem um bichinho de estimação ou conhece alguém que tenha um? Cole o adesivo que está no final do livro para descobrir qual é o pet que vive no aquário e fale o nome de cada animalzinho. Na sequência, complete os tracejados, termine de pintar a tartaruga e desenhe outro animal de estimação diferente desses.

Você consegue imitar os movimentos desses animais? Quais deles emitem som? Por que será que alguns bichos emitem sons? Pesquise e descubra outros animais que são criados como bichos de estimação.

Vida no mar

INVESTIGUE

Muitos animais e muitas plantas diferentes vivem nos oceanos. Cole os adesivos que estão no final do livro nos lugares certos e pinte-os seguindo as mesmas cores. Depois, circule o animal maior e faça um X no animal menor que você coloriu.

Para conhecer melhor essas e outras espécies, visite um aquário ou procure vídeos na internet. Por que será que alguns animais marinhos, como as baleias e os golfinhos, sobem à superfície de tempos em tempos?

BRINQUE MAIS

Campos de Experiências é só o começo!

Magia das cores

Usando canetinha hidrográfica e filtro de papel para café, é possível fazer uma experiência divertida. Corte o lado fechado do filtro, deixando apenas uma folha simples. Peça à criança que trace uma linha grossa com canetinha na parte inferior do filtro, um pouco abaixo da metade da folha. Coloque a base do papel em um pote com água, tocando na água, mas sem molhar a linha desenhada. Segure por 1 minuto, retire e deixe secar. A água será absorvida pelo papel e as tintas usadas para compor a cor da canetinha vão se decompor e aparecer na folha.

O tempo da natureza

Separem sementes de vegetais e façam uma colagem, observando-as e fazendo comparações. Depois, escolham uma semente para plantar (feijão é uma opção de crescimento rápido) e acompanhem a germinação e o crescimento da planta, anotando as datas e fazendo fotos para registrar cada etapa.

Criaturas do mar

Depois de pesquisar espécies que vivem no mar, separe folhas de papel colorido e convide a criança para rasgá-las e criar seres aquáticos. Explore a diversidade dos animais e questione sobre as suas caraterísticas: "Ele é grande ou pequeno?", "Tem nadadeiras?", "O que ele come?". Deixe a criança soltar a imaginação e justificar suas criações, formulando diferentes hipóteses.

Nível 2

ISOTEX

De olho no mundo

A criança é observadora, gosta de investigar, experimentar sensações e testar possibilidades para decifrar o mundo. Nesse processo, a mediação do adulto é essencial para valorizar cada passo, evitar eventuais riscos, destacar possibilidades e hipóteses e apoiar a curiosidade infantil como caminho para o conhecimento.

Veja quais são os principais temas e as habilidades desenvolvidas:

- A observação e a exploração de diferentes ambientes naturais permitem que a criança possa ampliar **a percepção, a atenção, a experimentação, a capacidade de análise e a imaginação**.
- As propostas de traçados a partir de observações da realidade e de pintura e colagem com elementos da natureza ressaltam a importância de **analisar, comparar e registrar impressões e conclusões**.
- Ao pesquisar, coletar, comparar e organizar folhas, pedras, flores e outros materiais, a criança amplia seu **conhecimento sobre a diversidade da natureza e desenvolve habilidades relacionadas ao conhecimento científico**.
- As atividades com formas geométricas estimulam **a atenção, a percepção visual, o raciocínio e as noções de espaço**, além de exercitarem a capacidade de reconhecer, compreender e reproduzir conceitos de simetria, de quantidade e de tamanho.
- Identificar diferentes *habitat* e conhecer mais espécies de animais facilita a **compreensão das relações entre os seres vivos**.
- As propostas que destacam as etapas de desenvolvimento da criança, suas atividades e passeios com a família e suas próprias brincadeiras permitem a ela **se conhecer melhor e ganhar autoconfiança**.

Crie oportunidades para que a criança explore ambientes diferentes, ouvindo-a sempre com atenção, orientando suas observações e incentivando seus questionamentos. As perguntas são essenciais no caminho da pesquisa e nem sempre precisam de respostas imediatas.

Mundo curioso

INVESTIGUE

Onde as crianças estão? O que estão fazendo? Pinte as roupas delas e cole os adesivos que estão no final do livro para saber o que cada criança descobriu. Você alguma vez encontrou algo diferente entre as plantas?

Onde você gostaria de ir para observar bichinhos e plantas? Combine com um adulto e procure um lugar para fazer isso. Se puder, leve uma lupa e faça fotos e desenhos, atentando-se a todos os detalhes.

Quantas folhas!

INVESTIGUE

Cole os adesivos que estão no final do livro, complete os tracejados e pinte as folhas igual ao modelo. Peça a um adulto para ir com você a um parque ou a uma praça e procurem folhas interessantes. No espaço abaixo, cole uma delas e, com a outra, faça um carimbo, passando tinta guache em sua superfície.

Você já observou uma folha? Olhe de perto, passe o dedo e repare: todas as folhas são lisinhas? São todas da mesma cor? Pesquise na natureza ou em um livro folhas de diferentes formatos e cores.

Muitas formas!

Complete os tracejados e cole, no quadro em destaque, os adesivos que estão no final do livro. Pinte as formas geométricas seguindo as cores dos adesivos e, depois, complete a pintura. Quais formas você reconhece nas duas cenas?

Em sua casa, há objetos em forma de círculo, quadrado, retângulo e triângulo? Procure e desenhe esses objetos e depois faça uma pesquisa para descobrir outras formas geométricas.

Pé na estrada

INVESTIGUE

Você gosta de viajar? Que lugar você mais gostaria de conhecer? Cole os adesivos que estão no final do livro, percorra a estrada com seu dedo e, depois, trace-o com giz enquanto fala o nome de tudo o que encontrar nesse caminho.

Você já acampou alguma vez? Gostaria de experimentar ou de repetir a experiência? O que gostaria de fazer nessa viagem? Peça ajuda a um adulto e pesquise sobre lugares interessantes para acampar.

Brincadeiras

B

INVESTIGUE

Você prefere brincar dentro ou fora de casa? Complete as cenas com os adesivos que estão no final do livro, pinte o que falta e desenhe-se nestes dois ambientes de brincadeiras.

Que materiais podem ser usados para construir uma casa? Pesquise para descobrir. Depois, convide um adulto para fazer uma cabana no quarto, juntando duas cadeiras e colocando um lençol por cima.

Quente ou frio

INVESTIGUE

Você sabia que alguns animais só vivem em locais muito quentes e outros apenas em lugares bem frios? Observe o que há em cada um destes ambientes, cole os adesivos que estão no final do livro nos lugares correspondentes e diga o nome dos animais.

Você prefere dias quentes ou frios? Onde você gostaria de morar: em uma floresta tropical ou em um lugar com neve? Pesquise para conhecer os animais que vivem em diferentes *habitats* do planeta.

Vida subterrânea

INVESTIGUE

Alguns bichinhos, como a formiga e a minhoca, constroem uma rede de túneis embaixo da terra, onde encontram alimento e abrigo. Cole os adesivos que estão no final do livro nos lugares certos. Em seguida, percorra com o dedo o caminho que leva cada animal à sua casa e trace-o com giz.

Você já observou minhocas e formigas passeando na terra? Quais as diferenças entre esses animais? Sabia que eles deixam a terra mais fofinha com seus túneis? Descubra outros animais que moram embaixo da terra.

Estou crescendo!

INVESTIGUE

Peça ajuda para numerar os quadrinhos indicando a sequência das fases de crescimento humano e cole, em cada um, o adesivo correspondente que está no final do livro. Depois, pinte o que falta em cada imagem.

Quantos anos você tem? Junto com seus pais, compare suas fotos de bebê com outras mais recentes. O que mudou? Que tal marcarem a sua altura em um local e irem anotando conforme você cresce?

Virou sapo!

1- OVOS

2- GIRINO

INVESTIGUE

Você sabia que, ao longo da vida, o corpo do sapo passa por uma transformação chamada de metamorfose? Cole os **adesivos** que estão no final do livro nos lugares certos para conhecer cada fase de desenvolvimento do animal. Depois, complete os tracejados e pinte o que falta em cada cena.

3- SAPO ADULTO

Observe os ambientes das imagens acima e pesquise mais para saber como são as diferentes fases da vida do sapo. Onde ele vive na fase em que tem uma pequena cauda? E depois de adulto?

BRINQUE MAIS

Campos de Experiências é só o começo!

Aventuras no jardim

Convide a criança para procurar animais em praças, canteiros ou vasos. Será divertido observar formigas, minhocas, aranhas e outros bichinhos e pesquisar mais sobre esses pequenos seres. Oriente a criança a não tocar neles, para evitar picadas e alergias, e também a não ferir os bichos ou destruir as plantas. Depois, façam um álbum de fotos com as descobertas de cada dia de aventura.

Refúgio da imaginação

A brincadeira de fazer uma tenda pode ser repetida em vários locais e com diferentes materiais. Para a tenda virar um lugar especial, basta colocar um abajur e levar um livro ou, ainda, fazer nela algo especial, como uma festa de bonecos ou um piquenique. A criança terá mais ideias de como construir e utilizar as tendas, que podem virar caverna, barco pirata, casa de bruxa e até castelo.

Coleção de folhas

Uma dica para estimular a curiosidade, a observação, a organização e o raciocínio é fazer uma coleção de folhas. Para isso, vocês podem recolher folhas caídas, prensá-las entre folhas de papel toalha no meio de dois livros e organizá-las em saquinhos de acordo com critérios como formato, tamanho, cor ou local onde foram encontradas. Outra opção é fotografar folhas e plantas, imprimir e organizar as fotos em um álbum.

Nível 3

Um mundo de perguntas

De início, a compreensão das crianças está diretamente relacionada ao que elas percebem do mundo físico. Atentas, buscam novidades o tempo todo, e essa curiosidade é mais uma motivação à ação: tocar, provar, misturar, jogar, derramar — tudo é movimento e faz parte da experimentação. Aos poucos, a criança avança e quer descobrir o que está além dessas percepções iniciais e, assim, durante as conversas surge, frequentemente, a expressão “Por quê?”. São muitos “porquês” e nessa fase é importante participar das experiências de perto, acompanhar e apoiar seu desenvolvimento.

Veja quais são os principais temas e as habilidades desenvolvidas:

- Atividades que convidam a identificar pessoas da família, vizinhos, amigos e seus diferentes modos de vida, ajudam a criança a se conhecer melhor, a se sentir mais segura e a **compreender a importância das relações sociais**.
- Ao brincar com os elementos da natureza e descobrir características da água, do ar, da terra e do fogo, a criança tem a oportunidade de refletir sobre suas vivências e associá-las ao **conhecimento científico**.
- Observar detalhes e pistas, descobrir semelhanças e diferenças e fazer comparações permite à criança **perceber as interações entre os seres vivos com o ambiente** e entender por que é essencial ter respeito pela natureza.
- Reconhecer fenômenos naturais, como as mudanças que ocorrem no céu ao longo do dia e as diferentes condições de clima e de temperatura, incentiva a criança a **ampliar sua compreensão do mundo**.

Acompanhe as propostas deste nível e ajude a criança a observar, explorar, experimentar, analisar e pesquisar. Enquanto expressa sua curiosidade e faz descobertas, a criança consegue entender as relações humanas e a forma como elas transformam o meio natural e, assim, desenvolve seu desejo de aprender.

Seu lugar

INVESTIGUE

Você mora em casa ou em apartamento? Desenhe-se na janela do lugar que é parecido com aquele onde você vive e, na outra janela, desenhe um amigo. Depois, cole os adesivos que estão no final do livro nos lugares certos e deixe tudo bem colorido!

Quem mora ao lado da sua casa ou do seu apartamento? Você conhece seus vizinhos? Tem algum companheiro de brincadeiras na vizinhança?

Dia e noite

INVESTIGUE

Complete os tracejados, pinte o sol e desenhe mais pingos de chuva. Depois, cole o adesivo que está no final do livro para descobrir um fenômeno que pode aparecer no céu quando há chuva e sol ao mesmo tempo.

Você já viu um arco-íris? Sabe o nome das cores que o compõem? O que você já conseguiu observar no céu durante o dia? E durante a noite?

Chuva e sol

INVESTIGUE

Brincar com água é muito divertido, seja pulando na chuva ou se refrescando na piscina! Cole os adesivos que estão no final do livro nos lugares certos e, depois, complete os tracejados e pinte o sol e a capa da menina.

Você já reparou que ocorrem mudanças no céu ao longo do dia? O que vemos no céu nos dias de chuva? E nos dias de sol? Qual tipo de clima é melhor para brincar ao ar livre?

Turma da pré-história

INVESTIGUE

Estes répteis viveram na Terra no passado e estão extintos há muito tempo. Cole o adesivo que está no final do livro e pinte com giz o que falta na cena. De que cor será que era esse dino pescoçudo?

Será que todos os dinossauros eram grandes? Você sabia que nem os cientistas têm certeza sobre as cores desses animais? Pesquise mais para conhecer diferentes espécies de dinossauros.

Voando para casa

Alguns bichos fazem sua casa em árvores. Para descobrir quais são essas casas, cole os adesivos que estão no final do livro nos lugares certos. Use o dedo para levar cada um ao lugar onde mora e, depois, trace o caminho com giz de cores diferentes.

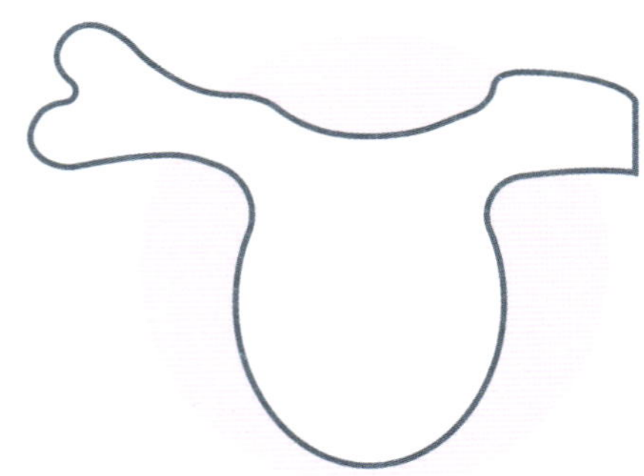

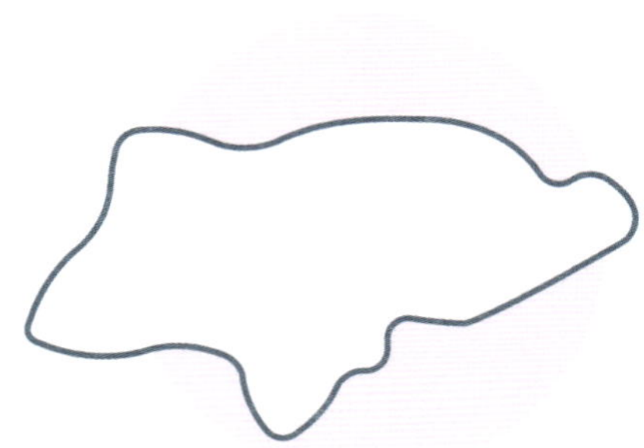

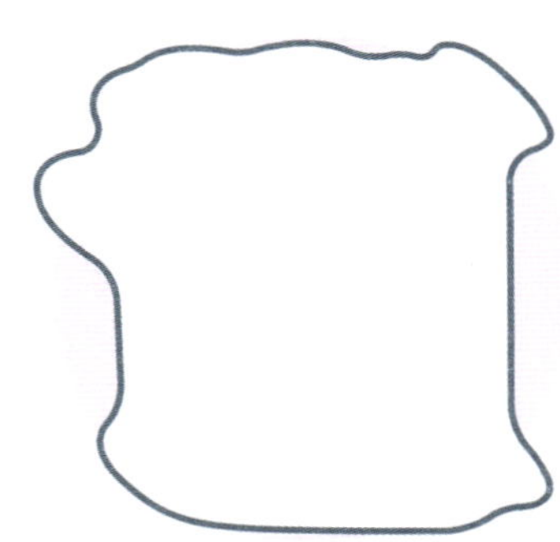

INVESTIGUE

Você já observou de perto alguma dessas casas de animais? De que material será que elas são feitas? Você sabe o nome de cada animal que as constrói?

Os rastros

Complete com o dedo e depois com giz os tracejados que levam cada bicho à sua pegada. Em seguida, faça um círculo no animal que se locomove pulando e marque com um **X** o que possui asas.

INVESTIGUE

Quais as diferenças entre essas pegadas? Por que será que os animais têm patas diferentes? Você já reparou nas pegadas que deixa quando anda na terra ou na areia?

Os quatro elementos

A água, a terra, o fogo e o ar são elementos da natureza muito importantes para a vida no planeta. Cole os adesivos que estão no final do livro no lugar que corresponde a cada elemento.

Você conhece brincadeiras que podem ser feitas com esses elementos da natureza? Qual desses elementos nós não podemos enxergar?

Alegria no campo

INVESTIGUE

Você já foi a algum sítio ou a alguma fazenda? O que acha que as crianças estão fazendo? Encontre, no final do livro, os adesivos para colar e completar a cena. Depois, faça um X no animal que gosta de viver na lama e circule o que está cantando.

Você vive no campo ou na cidade? Conhece crianças que moram em lugares diferentes? Como acha que as crianças que moram no campo se divertem? E as da cidade?

Diversão na praia

INVESTIGUE

Você já fez um passeio à praia? Se já teve essa experiência, conte do que mais gostou e o que descobriu de interessante. Se não, pesquise com um adulto para saber mais sobre esse lugar. Em seguida, complete os tracejados e encontre os **adesivos** que estão no final do livro para colar e completar a cena.

Você acha que todas as praias são iguais? Já reparou na cor da areia de praias diferentes? Sabe como é o sabor da água do mar? Por que será que ela tem esse gosto? Pesquise com um adulto e descubra!

Cidade grande

INVESTIGUE

Você já esteve em uma cidade grande? O que mais chamou sua atenção? Converse com um adulto para saber o que tem numa cidade grande. Dê cor ao prédio da esquerda e desenhe as pessoas dentro do ônibus. Circule e conte quantos veículos há na cena.

Que sons há na cidade? Você viu algum animal na cena? Você mora ou conhece alguém que mora em uma cidade grande? Sabe o nome de alguma cidade grande famosa?

Vida animal

INVESTIGUE

Cole o adesivo que está no final do livro no lugar correspondente e pinte a cena igual à da página ao lado. Na sequência, circule o animal que consegue voar e marque com um X o que só vive embaixo da água.

Você sabe o nome desses animais? Qual deles passa a vida toda na água? Qual deles é um dos maiores e mais pesados animais que existe?

BRINQUE MAIS

Campos de Experiências é só o começo!

Famílias diferentes

Que tal fazer um pequeno álbum (digital ou impresso) com fotos de família de diferentes épocas e lugares? É interessante mostrar para a criança fotos de avós, bisavós e, até mesmo, de parentes distantes, que vivam em ambientes diversos. Procure destacar os elementos das fotos e valorizar as perguntas, estimulando a observação e a pesquisa com questões. Por exemplo: "Como será que era a casa das pessoas no passado?", "Seus avós moravam na mesma cidade em que vivemos?", "Ainda existe essa casa?", "Será que esse lugar era um parque?". Com as fotos, surgirão muitas outras perguntas, além de boas histórias e lembranças.

Mistérios do ar

Será que aquilo que não vemos pode existir? É muito divertido fazer brincadeiras para explorar essa e outras perguntas e descobrir as propriedades do ar. Experimente construir com a criança brinquedos simples, como aviões de papel, pipas ou cata-ventos. Experimente também encher um balão com água e outro com ar e questionar a criança sobre as diferenças e semelhanças entre os dois: estão cheias ou vazios? O que há dentro de cada um? Como sabemos isso? Qual está mais pesado? Depois, corte os dois balões e investiguem mais sobre o ar e a água.

Nível 4

Aprender sempre mais

Com o tempo, a criança cria o seu próprio repertório de vivências e de conhecimentos, começa a formular questões mais complexas e passa a elaborar conclusões mais completas. Mais importante do que o resultado das investigações e das conclusões da criança são os processos de experimentação e os métodos que ela usa para desenvolver o pensamento, de forma a questionar, analisar, testar e refletir, estimulando seu desejo de aprender.

Veja quais são os principais temas e as habilidades desenvolvidas:

- ✔ As atividades de pintura e colagem com figuras de animais estimulam a criança a **analisar imagens, observar detalhes e relacionar as partes ao todo**.
- ✔ Referências aos planetas do Sistema Solar e ao espaço ajudam a criança a **despertar para o encantamento pela ciência e a avançar na compreensão sobre a complexidade do Universo**.
- ✔ Descobrir diferentes profissões estimula a criança **a identificar as formas de organização social e a valorizar a atuação de cada um na comunidade**.
- ✔ Conhecer métodos de pesquisa e compreender os processos de transformação e as diferentes formas de agrupamentos de seres vivos é uma oportunidade de **acessar referências básicas da ciência a partir de brincadeiras**.
- ✔ Por meio da análise de suas vivências do cotidiano, a criança tem contato com conceitos fundamentais para que possa **compreender temas mais elaborados, como o ciclo da água**.
- ✔ Despertar a atenção para a questão do lixo e da reciclagem ajuda a criança a **perceber a responsabilidade de cada um e de todos pelo cuidado com o planeta**.

Acompanhe a criança em sua aventura de explorar o ambiente, experimentar, formular hipóteses, expressar e registrar ideias. Valorize sempre a curiosidade infantil: até as descobertas científicas mais importantes estão sempre abertas a questionamentos e a novas abordagens.

As caudas

INVESTIGUE

Que animais são estes? Pinte a cena e deixe o filhote com as mesmas cores da mamãe raposa. Depois, cole os adesivos que estão no final do livro para completar os animais. Observe e compare os bichos e a cauda de cada um deles. Qual animal tem cauda curta? E qual tem cauda com penas?

Você sabia que a cauda está presente na maioria dos animais? Para que serve a cauda de cada bicho? Pesquise sobre outros animais e compare suas caudas.

O sistema solar

INVESTIGUE

A Terra, com outros planetas, gira ao redor do Sol. Cole os adesivos que estão no final do livro para conferir a localização da Terra no Sistema Solar e descobrir um instrumento que nos permite observar o espaço. Depois, fale o nome dos planetas e trace com cores diferentes o caminho de cada um ao redor do Sol.

Você sabia que a Terra, onde vivemos, é o único planeta habitado conhecido? Como será a temperatura nos planetas que ficam mais próximos do Sol? Pesquise com seu ajudante adulto para descobrir imagens e informações sobre a Terra e os planetas do Sistema Solar.

As profissões

CIENTISTA

ARQUEÓLOGO

VETERINÁRIA

ASTRONAUTA

INVESTIGUE

As pessoas têm profissões diferentes e precisam de conhecimentos e ferramentas especiais para fazer seu trabalho e melhorar a vida de todos. Cole os adesivos que estão no final do livro nos lugares certos e descubra objetos relacionados a cada uma das profissões. Você sabe o que estes profissionais fazem?

PROFESSOR

JARDINEIRO

CHEFE DE COZINHA

BOMBEIRO

Seus pais trabalham? O que eles fazem? Você já visitou o local de trabalho deles? Pesquisem juntos para saber mais sobre profissões de amigos e pessoas da família e pense em que tipo de trabalho você gostaria de fazer quando crescer.

Os fósseis

INVESTIGUE

Para descobrir como eram os dinossauros, cientistas juntam pedaços de ossos, de escamas, de dentes, de ovos e de fezes, além de pegadas e marcas que encontram nas rochas, como se fosse um quebra-cabeças. Complete o esqueleto do Tiranossauro com os adesivos que estão no final do livro e pinte o que falta na cena.

O pesquisador que estuda dinossauros e outros seres do passado da Terra é chamado de paleontólogo. Que tal dar uma de cientista e pesquisar as diferentes espécies de dinossauros? Será que no passado existiam outros animais além deles?

Os vertebrados

Os animais que possuem coluna vertebral e crânio são chamados de vertebrados. Essa turma se divide em cinco grupos, de acordo com as suas características. Cole os adesivos que estão no final do livro para descobrir um exemplar de cada grupo. Depois, fale o nome de cada bicho e do grupo ao qual ele pertence.

AVES

ANFÍBIOS

MAMÍFEROS

PEIXES

RÉPTEIS

INVESTIGUE

Você conhece outras aves? O que elas têm em comum? Já viu algum réptil? Brincou com algum mamífero? Pesquise e descubra algumas características de cada grupo.

Alimentos nutritivos

Você sabia que muitos alimentos que consumimos vêm dos animais? Cole os adesivos que estão no final do livro nos lugares certos para conhecer alguns. Depois, complete e pinte os animais e trace com giz a trilha que leva cada um ao alimento que produz.

INVESTIGUE

Como podemos usar leite, ovos e mel na alimentação? Você já provou esses alimentos? Convide um adulto para preparar uma receita usando um desses ingredientes.

O ciclo da água

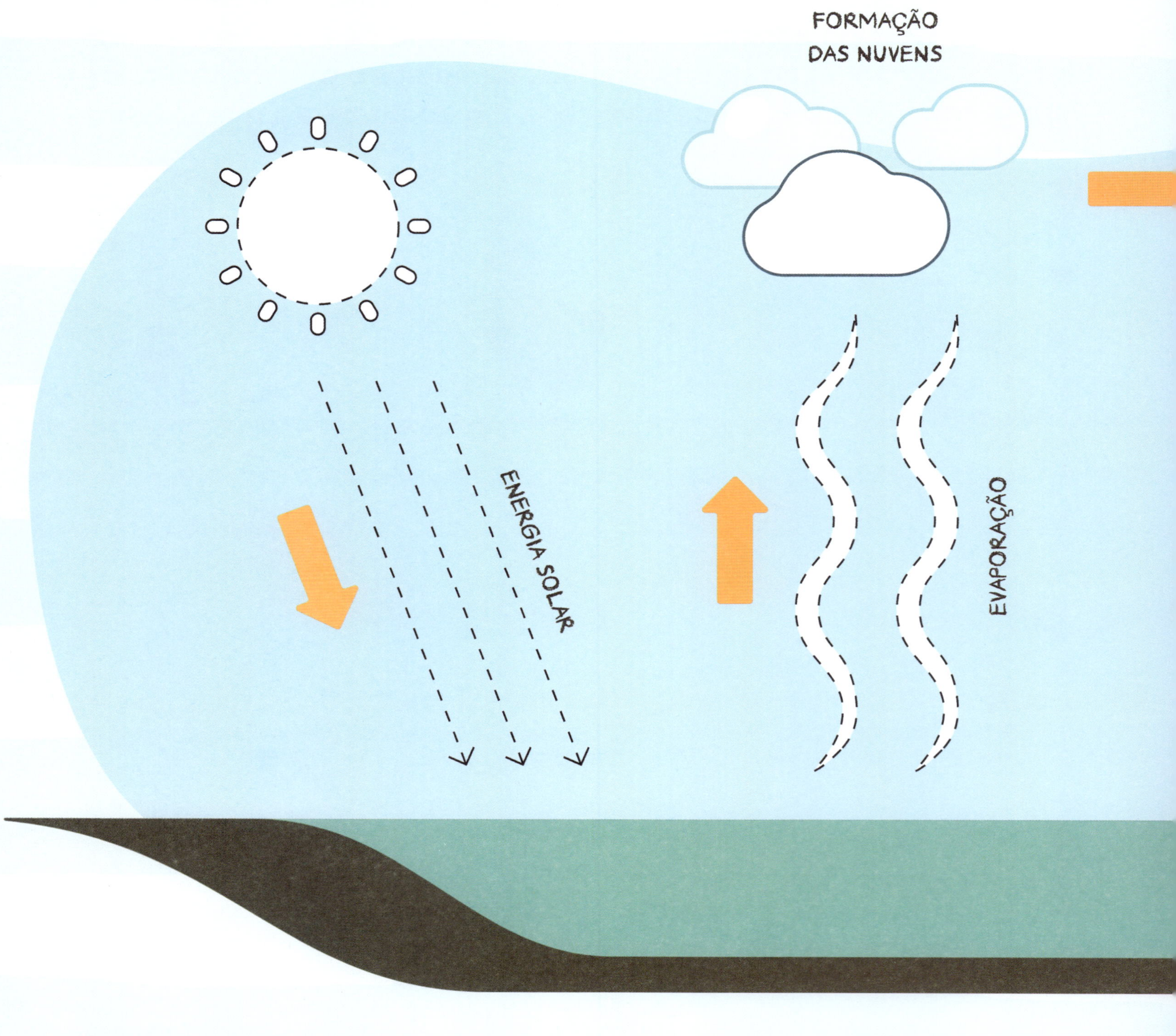

INVESTIGUE

A água é essencial para a vida na Terra e está sempre se transformando, em um ciclo que não tem fim. A água líquida de rios, lagos e mares evapora e forma nuvens, caindo depois como chuva, neve ou granizo. Cole os adesivos que estão no final do livro, complete os tracejados e termine de colorir a cena.

Você sabia que o desperdício e a contaminação da água do planeta afetam todos os seres vivos? O que podemos fazer para economizar água, evitar a poluição de rios e mares e proteger a vida na Terra?

Proteja o planeta

INVESTIGUE

Alguns dos materiais que jogamos no lixo podem ser reciclados, outros não. Complete os espaços com os adesivos que estão no final do livro e trace com giz os caminhos para destinar cada conjunto ao recipiente correto, de acordo com as cores.

Será que você pode colaborar para evitar desperdícios e reduzir a quantidade de lixo na sua casa? Peça ajuda a um adulto para separar materiais para reciclagem e pesquisem juntos onde podem descartar cada tipo de resíduo.

Pedras preciosas

INVESTIGUE

Existem na natureza pedras coloridas e raras que são consideradas especiais e muito valiosas. Cole os adesivos que estão no final do livro e percorra as trilhas para chegar até as pedras e ao baú do tesouro. Diga o nome das pedras e marque com um X a sua favorita.

As pedras preciosas são minerais que existem na natureza, assim como o ouro e a prata. Você já encontrou alguma pedrinha diferente em seu caminho? Convide um adulto para um passeio ao ar livre e procure por pedras com formatos ou cores especiais. Depois, pesquisem juntos para conhecer mais sobre os minerais.

Mapa--múndi

PROCURE E ACHE
OS GRANDES MONUMENTOS:

1. GOLDEN GATE
2. ESTÁTUA DA LIBERDADE
3. CRISTO REDENTOR
4. MACHU PICCHU
5. TORRE EIFFEL
6. CATEDRAL DE SÃO BASÍLIO
7. BURJ AL ARAB
8. TAJ MAHAL
9. MURALHA DA CHINA
10. ÓPERA DE SYDNEY
11. TENDAS MONGÓIS

Nosso planeta é dividido em seis continentes. Você sabe em qual deles mora? Percebeu que cada continente tem espécies diferentes de animais? Você já viu algum destes monumentos em algum outro lugar?

O mapa que você acabou de ver é plano, mas nosso planeta é redondo. O mapa é assim para ficar mais fácil de entender. Você já viu um globo terrestre? Sabia que é muito frio nos polos? E sabia que 2/3 da superfície da Terra são cobertos de água? Há 300 milhões de anos, os continentes estavam todos juntos!

BRINQUE MAIS

Campos de Experiências é só o começo!

Que bicho é esse?

Pesquisem imagens de animais e imprimam ou recortem figuras de revistas e investiguem cada bicho, para saber como e onde vivem, o que gostam de comer e como cuidam de seus filhotes, por exemplo. Depois, recortem as figuras na metade e brinquem de misturar o corpo dos bichos, criando espécies engraçadas e imaginando nomes e informações sobre cada animal inventado: o que ele come, como se locomove, onde vive e muito mais.

Chuva em casa

Depois de explorar a atividade sobre o ciclo da água, é possível fazer uma experiência simples para compreender melhor esse processo. Aqueça água e convide a criança a observar a evaporação durante a fervura e a pensar no que pode ser a fumacinha que se vê saindo da panela. Coloque a água quente até a metade de um recipiente transparente. Depois, cubra-o com um prato de plástico, aguarde alguns segundos e observe as gotículas que se formam. Em seguida, coloque gelo sobre o prato e demonstre como se formam gotas na parte de baixo do prato. Questione a criança para que descubram juntos como essa brincadeira se relaciona com a formação das nuvens e da chuva.

Esforço premiado!

A criança chegou até aqui e merece um presente por ter completado o livro. Aju-de-a a preencher o DIPLOMA no final do livro. Depois, recorte-o e guarde-o de lembrança dos momentos felizes de aprendizado e diversão que vocês vivenciaram juntos. Continue incentivando a criança a fazer experimentos e perguntas para ampliar suas vivências e descobertas. Parabéns para vocês!

DICAS PARA pais e educadores

Veja como usar os livros da coleção **Campos de Experiências** para tornar ainda mais especiais seus momentos com a criança!

Na hora certa

Evite iniciar as atividades do livro se a criança estiver muito agitada, envolvida com outra brincadeira, sonolenta ou com fome, por exemplo. É melhor aguardar um momento em que ela esteja mais disponível e tranquila, para que possa dedicar mais atenção a cada proposta.

Mantenha o foco

O ideal é acompanhar a criança durante toda a atividade, apresentando as propostas, ouvindo as perguntas, observando-a com atenção e valorizando seus comentários e progressos. Reserve esse tempo de qualidade para estar com a criança, mantendo distância de aparelhos eletrônicos e evitando fazer várias coisas simultaneamente.

Comece do começo

Não há uma ordem determinada para a realização das atividades, mas o ideal é começar pelas mais simples, avançando aos poucos. Caso perceba pouco interesse da criança por certo desafio, avance nas páginas para outro tema que chame mais a atenção dela e retorne a esse em outro momento.

Sempre à mão

Deixe o livro em um local acessível, para que a criança possa folheá-lo, explorar os temas e descobrir por quais se interessa mais, rever as páginas que completou e também ter a iniciativa de convidar você a fazer as atividades.

Perceba a hora de parar

A atenção ativa das crianças, especialmente das mais novas, tem duração limitada. É essencial respeitar essa característica, sugerindo as propostas mais adequadas a cada momento. Se for o caso, apresente desafios em etapas ou faça pausas e fique atento para interromper uma atividade antes que a criança apresente sinais de irritação ou cansaço.

Seja positivo

Caso a criança cometa algum erro enquanto realiza uma atividade, não a reprove nem demonstre decepção. Valorize sua criatividade e seu empenho e procure incentivá-la a tentar mais vezes, reafirmando a sua confiança. Diga que será mais fácil na próxima tentativa e que vocês conseguirão melhores resultados depois de mais treino.

Desafios na medida certa

Escolha a atividade adequada: se estiver fora de alcance naquele momento, a criança pode ficar irritada e desistir e, se for fácil demais, pode não se interessar em terminá-la.

Envolva-se!

A atenção do adulto é muito importante para que a própria criança valorize a atividade que está realizando. Participe da brincadeira e, ao terminarem uma atividade, comemore com um abraço carinhoso.

Sensibilidade é tudo!

Na infância, a aprendizagem está muito ligada a sensações e emoções. É importante estimular a criança a vivenciar as situações de forma concreta, tocando nos materiais, ouvindo palavras e sons, observando imagens, explorando a sensação e utilizando os sentidos para concretizar a aprendizagem.

ESCREVER faz bem!

O uso de teclados, telas e *joysticks* é cada vez mais frequente; entretanto, especialistas em neurologia e neurociência alertam sobre a importância da escrita manual, a qual é capaz de ativar áreas do cérebro ligadas a habilidades como coordenação motora, memória, atenção, organização de ideias, coerência e raciocínio, além de favorecer a criatividade e a comunicação.

Na infância, traçar, desenhar, pintar e escrever à mão é ainda mais importante, pois esse tipo de atividade influencia o desenvolvimento global da criança e de todo o seu processo de alfabetização.

Os exercícios de escrita favorecem a percepção espacial e a organização, ajudam na coordenação visomotora e fixam memórias que permitem reconhecer as formas das letras e aprender os movimentos e as conexões necessárias para escrever e ler, definindo ligações entre os processos de leitura e de escrita, facilitando o reconhecimento visual, a organização mental e a percepção de conceitos abstratos.

Para os adultos, escrever já é um processo automatizado, mas para as crianças essa competência é resultado do avanço gradual de **múltiplas habilidades**, dentre elas: a capacidade de perceber, distinguir e produzir sons para se comunicar; a memória; a consciência corporal; a organização espacial e a coordenação das mãos e dos dedos.

Na fase entre 3 e 6 anos de idade, muitas dessas habilidades estão em sua potência máxima de desenvolvimento. Portanto, oferecer aos pequenos materiais adequados às suas primeiras experiências de escrita é um grande estímulo para que avancem nesse caminho. Outra dica é escrever com as crianças, redigindo cartões, fazendo listas de convidados e de compras ou bilhetes e mostrando a escrita à mão como uma atividade lúdica e prazerosa.

Corpo em equilíbrio

A percepção do corpo e o controle da postura e dos movimentos também são importantes para avançar nas habilidades de escrita. Ajude a criança a se concentrar e se posicionar corretamente, a fim de vocês se divertirem com este livro. Para isso:

- Procurem um local bem iluminado e sem barulho.
- A criança deve ficar sentada em uma cadeira adequada a seu tamanho, com as costas e os pés apoiados.
- Os cotovelos e os antebraços devem estar livres e a mão em repouso.
- A mesa precisa estar próxima e ter a altura adequada para que a criança se incline levemente, sem precisar ficar apoiada na mão ou sobre a mesa.

Brincar para escrever

Algumas atividades divertidas ajudam a desenvolver a motricidade. Convide a criança a manusear livros e cadernos, aprendendo a virar as páginas uma a uma, a brincar com blocos de montar, massinha de modelar, fantoches e dedoches, a rasgar papéis de diferentes espessuras e a usar pinças ou pegadores para colocar e tirar brinquedos de um pote.

De olho nas mãos

Quando fazemos uma anotação qualquer, nem reparamos nas nossas mãos, mas a posição dos dedos ao pegar um lápis é resultado de um longo aprendizado motor e cognitivo.

A forma de segurar uma ferramenta de escrita é chamada de pega ou preensão. A preensão trípode, quando se utiliza apenas o polegar, o indicador e o dedo médio para escrever, é considerada a mais adequada, pois exige menos esforço e favorece a fluidez e o desenvolvimento da caligrafia.

Entenda as etapas do processo que permite à criança utilizar corretamente o lápis:

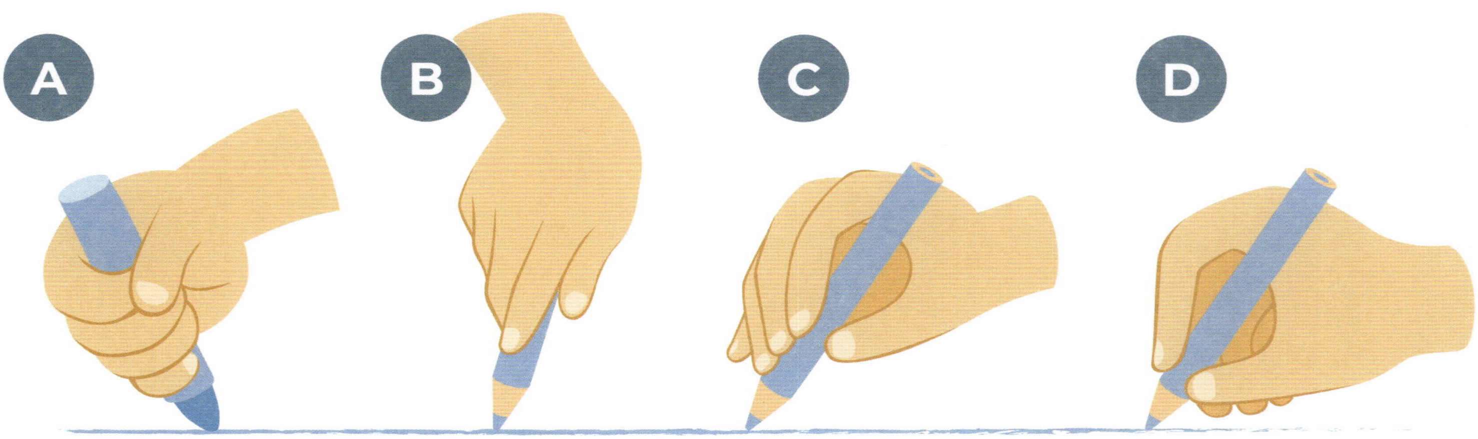

A) Preensão palmar: entre os 12 e 18 meses de idade, a criança usa praticamente toda a mão para segurar o lápis e movimenta também o ombro e o braço para movê-lo. Nessa fase, o mais adequado é usar um giz de cera bem grosso.

B) Preensão pronada: surge por volta dos 2 e 3 anos de idade. A criança passa a usar mais os dedos para segurar o lápis e o movimento envolve, principalmente, o antebraço e o cotovelo.

C) Preensão com quatro dedos: geralmente entre os 3 e os 4 anos de idade, a criança começa a usar quatro dedos para segurar o lápis e o movimento passa a se concentrar no punho e nos dedos.

D) Preensão trípode: surge por volta dos 4 anos e segue se desenvolvendo até cerca dos 7 anos de idade.

Como ajudar?

Cada criança tem seu tempo e cada fase é importante para o desenvolvimento motor. Nesse percurso, pode ser que a criança alterne as formas de preensão do lápis, até que o amadurecimento de funções permita uma acomodação na **preensão trípode**. Todavia, é importante ensinar a forma correta para evitar problemas de caligrafia e ergonômicos, que podem durar por toda a vida.

Procure auxiliar a criança a treinar a pega seguindo alguns passos:

1- Com a mão que usa para escrever, a criança deve fazer uma pinça com os três dedos: polegar, indicador e médio, mantendo-os abertos e deslocados mais à frente dos outros.

2- Ajude-a a colocar o lápis no espaço entre os dedos polegar e indicador e a deslizar esses dedos pelo lápis, para cima e para baixo algumas vezes, para treinar o movimento usado na escrita.

3- Em seguida, peça a ela que mantenha o lápis entre o polegar e o indicador e feche o dedo médio, apoiando o lápis e mantendo-o parado. Mostre que é melhor segurar mais perto da ponta, com o indicador a cerca de dois dedos de distância da ponta do lápis.

Sugira que a criança trace linhas em uma folha, da esquerda para a direita, e que observe como os seus outros dedos ajudam a mão a deslizar sobre a folha de papel. Mostre ainda que a outra mão ajuda a manter a folha no lugar e apoia o corpo para que ele fique reto.

Se a criança ainda estiver desenvolvendo a pega, prefira um giz de cera grosso ou use adaptadores. As crianças com mais idade podem começar com lápis triangulares ou sextavados, que facilitam o apoio dos dedos.

DIPLOMA

COLE
UMA FOTO
SUA AQUI.

CERTIFICAMOS QUE ....

COMPLETOU O LIVRO

Eu Descubro

CAMPOS DE
EXPERIÊNCIAS

PARABÉNS
CAMPOS DE EXPERIÊNCIAS

p. 14 a 17

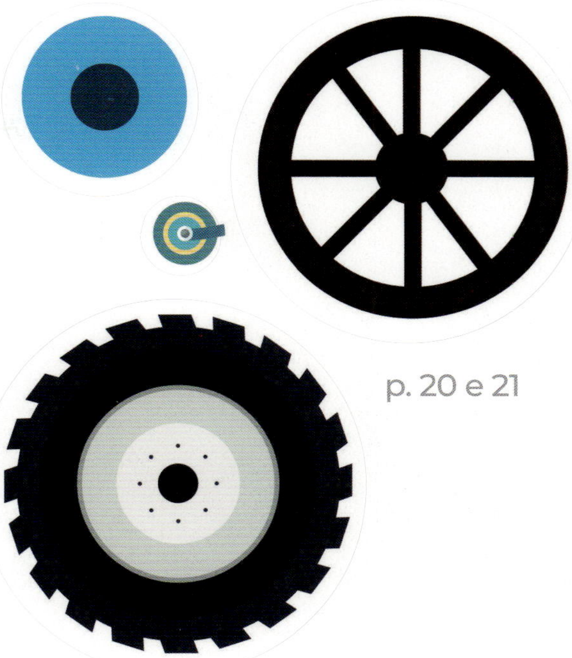

p. 20 e 21

p. 22

p. 23

p. 24

p. 25

p. 26

p. 25

p. 25

p. 29

p. 30 e 31

p. 36 e 37
p. 38
p. 40
p. 44
p. 45
p. 46
p. 42
p. 43
p. 48
p. 46
p. 48
p. 47
p. 46
p. 52
p. 47
p. 47
p. 52
p. 53
p. 50 e 51

p. 58
p. 58
p. 63
p. 66
p. 63
p. 66
p. 61
p. 66
p. 62
p. 64
p. 71
p. 70
p. 72
p. 69
p. 68
p. 69
p. 76
p. 68
p. 72

p. 83
p. 83
p. 83
p. 83
p. 83
p. 83
p. 85
p. 85
p. 97
p. 86
p. 86
p. 86
p. 87
p. 87
p. 87
p. 86
p. 89
p. 89
p. 95
p. 95
p. 95
p. 95
p. 95
p. 91
MEL
p. 91
LEITE
p. 91
p. 90
p. 90
p. 93
p. 92
p. 93
p. 90
p. 90
p. 90
p. 96 e 97